BEI GRIN MACHT SICH IHR WISSEN BEZAHLT

- Wir veröffentlichen Ihre Hausarbeit, Bachelor- und Masterarbeit
- Ihr eigenes eBook und Buch - weltweit in allen wichtigen Shops
- Verdienen Sie an jedem Verkauf

Jetzt bei www.GRIN.com hochladen und kostenlos publizieren

Bibliografische Information der Deutschen Nationalbibliothek:

Die Deutsche Bibliothek verzeichnet diese Publikation in der Deutschen Nationalbibliografie; detaillierte bibliografische Daten sind im Internet über http://dnb.d-nb.de/ abrufbar.

Dieses Werk sowie alle darin enthaltenen einzelnen Beiträge und Abbildungen sind urheberrechtlich geschützt. Jede Verwertung, die nicht ausdrücklich vom Urheberrechtsschutz zugelassen ist, bedarf der vorherigen Zustimmung des Verlages. Das gilt insbesondere für Vervielfältigungen, Bearbeitungen, Übersetzungen, Mikroverfilmungen, Auswertungen durch Datenbanken und für die Einspeicherung und Verarbeitung in elektronische Systeme. Alle Rechte, auch die des auszugsweisen Nachdrucks, der fotomechanischen Wiedergabe (einschließlich Mikrokopie) sowie der Auswertung durch Datenbanken oder ähnliche Einrichtungen, vorbehalten.

Impressum:

Copyright © 2016 GRIN Verlag
Druck und Bindung: Books on Demand GmbH, Norderstedt Germany
ISBN: 9783668661004

Dieses Buch bei GRIN:

https://www.grin.com/document/415970

Eda Kelekci

Die Aleviten zwischen Anonymität und Emanzipation in der Diaspora. 'Takiye' als Parallelismus

GRIN Verlag

GRIN - Your knowledge has value

Der GRIN Verlag publiziert seit 1998 wissenschaftliche Arbeiten von Studenten, Hochschullehrern und anderen Akademikern als eBook und gedrucktes Buch. Die Verlagswebsite www.grin.com ist die ideale Plattform zur Veröffentlichung von Hausarbeiten, Abschlussarbeiten, wissenschaftlichen Aufsätzen, Dissertationen und Fachbüchern.

Besuchen Sie uns im Internet:

http://www.grin.com/

http://www.facebook.com/grincom

http://www.twitter.com/grin_com

Universität Hamburg WS 2015/16
Fakultät der Erziehungswissenschaften
Seminar: *Gesellschaftliche Bedingungen von Bildung und Erziehung: Pilger, Touristen, Flüchtlinge und Fremde Erfahrungen*

‚*Takiye'*

Die Aleviten zwischen *Anonymität* und *Emanzipation* in der Diaspora

Eda Kelekci
BA. Lehramt: Deutsch und Religion
2. Fachsemester

Inhaltsverzeichnis

1. Einleitung 2
2. Das Fremde 3
2.1. Merkmale des Fremden 3
3. Alevitische Progression in Deutschland 5
4. Takiye als Parallelismus 7
   Fazit 10
   Literaturverzeichnis 11

1. Einleitung

Im Rahmen des Seminars „*Gesellschaftliche Bedingungen von Bildung und Erziehung: Pilger, Touristen, Flüchtlinge und Fremde Erfahrungen*" beschäftigt sich meine Seminararbeit mit dem Identitätsprozess einer speziellen Religionsgemeinschaft in der Diaspora, die unter dem Deckmantel der ‚*Takiye*' mit der Arbeitsmigration in den 1960er Jahren nach Deutschland zugezogen ist. Mein Ziel ist es den Prozess und die Modifikation mit der Andersartigkeit einer Gemeinschaft zu beschreiben sowie zentrale Motive herauszufiltern.

In dem Buch „Das Fremde" schreibt Ortfried Schäffter: „*Erst wenn Grenzen zu Kontaktflächen werden, wird Fremdheit zu bedeutsamer Erfahrung. So lässt sich festhalten, dass nur dann, wenn wir uns näher gekommen sind, die Fremdheit des anderen überhaupt erst in Erscheinung tritt.*" (Schäffter ,1991, S.12)

Beim angebrachten Zitat vom Schäffter erscheint das Fremde durch die Abgrenzung zum anderen, und wird erst beim Überschreiten der eigenen Grenzen zur signifikanten Erfahrung und Erkenntnis. Die Fremdheit in Abgrenzung zum anderen wird durch die subjektive Erfahrung bestimmt, welches somit eine ganze Reihe von Schwierigkeiten einher leiten kann. Darüberhinaus wirft sich bei mir die Frage auf, ob man je mit dem Fremden in Berührung kommen kann, wenn der Rahmen der Eigenidentität immer im Verborgenen blieb. Kann man das Fremde in seiner Andersartigkeit und in seinem Ursprung trotzdem erkennen und akzeptieren? Ich hoffe, dass es mir gelingt im Verlauf meiner Ausarbeitung, diese abstrakten Prozesse sowie Schwierigkeiten verständlich auszulegen.

2. Das Fremde

Einer, der großen Schwierigkeiten ist es, das Fremde einem bestimmten Typus zu zuordnen oder genauer abzugrenzen, denn das Fremde ist eine Bezeichnung Außerhalb der Ordnung. Das Fremde ist nicht im Eigenen enthalten, sondern wird in Abgrenzung zum anderen von uns definiert. Wenn wir uns eine Grenzlinie vorstellen, die das Eigene von Fremden trennt, spricht man von der Seite des Eigenen über das Fremde, nie aber von der anderen Seite der Fremdheit über das Fremde. Letztlich definieren wir das Fremde indirekt über das *‚Subjektive-Ich'* und der *Eigenwahrnehmung*, also nie in direkter Darstellung. Das Thematisieren vom Fremden wird schwer fassbar und schwer verständlich, da es umständlich im indirekten Bezug ersichtlich wird. Aus der Perspektive der Sozialwissenschaften sind uns zwei Dimensionen der Fremdheit von zentraler Bedeutung: die Fremdheit als *Nicht-Zugehörigkeit* und als *Außerordentliches*. Bei der Fremdheit als Nichtzugehörigkeit beziehen wir uns auf *„Inklusion"* und *„Exklusion"*, also die *Einschließung* und *Ausschließung* jener Art von einer Wir- Gruppen. Das Fremde als Außerordentliches trifft in der Ethnologie ihren Kern und *sei ein Stachel im Fleisch der Ethnologie*, wie es vom Ethnologen R. Rottenburg erklärt wird (Rottenburg, 2004, S.119). Der Fremde, kann nach unterschiedlicher Untersuchung, eine andere Gestalt annehmen und uns als ein natürliches Individuum in Form eines Nomaden, Ausländers, eines gestressten Studenten, einer besorgten Mutter oder einem Geflüchtetem, begegnen. Die Figur des Fremden kann demnach eine kontrastreiche und unterschiedliche Form annehmen.

2.1 Merkmale des Fremden

Es lassen sich verschiedene *Merkmale des Fremden* finden, doch im Folgenden werde ich mich auf *drei* zentrale Merkmale fokussieren, die sich als besonders charakteristisch erwiesen haben.

1. Charakteristische Ebene: Das subjektive-Ich

Das Fremde bestimmt sich in Abgrenzung zum Eigenen, das Fremde ist kein Zustand eines Phänomens, sondern charakteristisches Merkmal zwischen dem Eigenen ‚*das Subjektive-Ich*' gegenüber dem *Anderen*, also dem Fremden. Das Verhältnis zwischen dem Eigenem und Fremden impliziert auch alle anderen Beteiligten in der Umwelt, die in einer besonderen Position zueinander stehen. Die Fremdheit muss ebenfalls einen Raum füllen, um wahrgenommen zu werden. Die Fremdheit lässt sich demnach in seiner Andersartigkeit oder Verschiedenheit erst in der Zuweisung unterscheiden. Das Fremde wird aus einer bestimmten Position erlebt und zugeschrieben, weil sie aus der Perspektive eines Dritten unterschieden wird.

2. Charakteristische Ebene: Auf Augenhöhe

Die Fremdheit lässt sich auf Augenhöhe der Beteiligten finden, keiner steht über dem Anderen. Keiner kann auf beiden Seiten der Linie stehen, die das Fremde und Eigene trennen, denn sie stehen im konkreten Verhältnis zueinander. Das Erlebte und Wahrgenommene des Fremden bezieht oft auf soziale und geteilte Vorstellung, Ordnungssystem und Bestreben, die von jener Fremdheit gefühlt, erlebt oder erwartet werden müssen, da sie als *fremd* identifiziert werden kann. Dies bedeutet andere Kulturen oder Länder sind nicht einander fremd, solange die Akteure diese Fremdheit nicht erfahren oder erleben.

3. Charakteristische Ebene: Situative Bestimmung

Das Fremde wird situativ bestimmt, so lange sie erfahren und normalisiert wird, im Weiteren umgedeutet und sich adaptiert. Das Adaptierte passt somit in den Rahmen des Normalen und löst sich auf. Der Prozess, der adaptierten Fremdheit, hebt das fundamentalistische sowie die ewige Andersartigkeit auf.

Das Fremde erweist sich somit als Etwas *unberechenbares, willkürliches, unbestimmtes,* welches uns auf der Reise ebenfalls in einer geschlossenen Gesellschaft, antreffen kann. Das Fremde gleicht einem wandelnden Element, das nicht ergreifbar ist und sich entzieht, wie der Sand, der durch die Finger durchsickert und verschwindet.

3. Alevitische Progression in Deutschland

‚Die anderen Türken in Deutschland'

Die historische Verbindung zwischen Deutschland und der Türkei sind nicht nur durch die langjährige Beziehung miteinander verbunden, sondern reichen bis in das 11. Jahrhundert zurück. Das Verhältnis der deutsch-türkischen Beziehung ist seit jener Zeit auch im europäischen Raum von kontrastreichen und unterschiedlichsten Motivationen geprägt. Einerseits ist Deutschland seit den 1960er Jahren durch die Arbeitsmigration und der religiösen Vielfalt befallen, anderseits prägten enge kulturelle und soziale Verbindungen die Beziehung zwischen Deutschland und der Türkei. Dass durch das Anwerbabkommen eine Flut von homogener Masse Deutschland erreichte, ist nur eine der bedeutendsten Aspekte dieser Verbindung. Allerdings wurde außer Acht gelassen, dass durch die heterogene Arbeitsmigration die Identität einer esoterischen Religionsgemeinschaft *‚die Alevitenten'* im verborgenem Licht blieb, die sie zum Eigenschutz unter dem Deckmantel des *„Takiye-Prinzips"* mit nach Deutschland zugezogen ist.

Nach *Sökefeld M.* werden drei große Migrationsphasen zusammengefasst, die durch *sozio-ökonomische, politische, ethnische-kulturelle* sowie *religiöse* Umständen die Gemeinschaft geformt und geprägt haben. Die *erste Phase* folgte unmittelbar mit dem Ausbruch der Arbeitsmigration 1961 bis zum Anwerbestopp 1973. Durch die geringe Bereitschaft ihrer ökonomischen und gesellschaftlichen Integration in der Türkei einzubringen, war die Motivation zu Abwanderung ziemlich hoch.

In der darauffolgenden *zweiten Phase*, die von den späten 1970ern bis in die frühen 1980er Jahren sich erstreckt, wurde im Hinblick der Familienzusammenführung Kinder und Angehörige nach Deutschland zusammengebracht. Zudem kamen in den Jahren von 1973 bis 1982 überwiegend politisch motivierte Aleviten nach Deutschland. Diese junge und politisch motivierte Bewegung resultierte aus der Polarisierung zwischen der *‚Linken'* und *‚Rechten'* Partei, die sowohl zählreiche politische Gewalttaten erlebte, als auch die Unterdrückung in der Zuschreibung als *‚Linke Aktivisten'* verspüren mussten. Zahlreiche junge Aleviten verbargen ihre Identität unter ihrer linken politischen Ausrichtung, und flohen nach dem Militärputsch im Jahre 1980 nach Deutschland. Die *letzte* und *abschließende Phase* der Migrationsbewegung erstreckte sich im Zeitraum von 1980 bis in die frühen 1990ern, die hinsichtlich der Unruhen zwischen den Kurden und Türken im Osten der Türkei, stattfand. Es waren überwiegend kurdische Aleviten, die in den frühen 90ern aufgrund der Unterdrückung und Verfolgung, Asyl in Deutschland beantragt haben (Sökefeld, 2008, S.19-20).

Aleviten sind besonders in Deutschland in den stark industriell fortgeschrittenen Regionen wie *Hamburg, Stuttgart, München und Berlin* angesiedelt. Laut dem Dachverband „*Alevitische Gemeinde e.V.*" (AABF) leben in Deutschland schätzungsweise ca. 700.000 Aleviten, in einer weiteren Studie namens „*Muslimisches Leben in Deutschland*" wird die Zahl der Aleviten auf ca. 480.000 bis 552.000 geschätzt. (Aksünger, 2013,S.138). Durch die Einreise nach Deutschland, gab es keine gesonderte Registrierung der Aleviten, welches unter den Umständen den Raum für die schätzungsweise Zahl der Aleviten offen ließ. Die Erschwernis wird durch die Spanne der ungleichen Zahlen und Fakten der zwei Studien deutlich ersichtlich. Hinzukommend folgt das Praktizieren des Schweigegebotes, das „*Takiye-Prinzip*", welches die Registrierung zusätzlich erschwert. Letztlich blieben die Aleviten sowohl im Kreise ihrer Bekanntschaft als auch in der Mehrheitsgesellschaft weiterhin unsichtbar.

4. Takiye als Parallelismus

Takiye: Das Verbergen der eignen Identität und des Subjektiven-Ichs.

Das *Takiye- Prinzip* entspricht dem Schweigegebot über das eigene Selbstbild, welches bis auf das letzte Familienmitglied eine Gültigkeit hat, und letztlich das Verschweigen der eigenen Identität gegenüber den Kindern protegiert. *Takiye* als alt verankerte Tradition, bildet das feste Fundament eines unvollständigen und esoterischen Identitätsprozesses über mehrere Generationen hinweg. In Deutschland setzte sich das Takiye- Prinzip sowie das nicht öffentliche Bekennen zunächst fort, da sie auch hier Missachtung, Bedrohungen sowie Stigmatisierung befürchtet haben.

Während religiöse Zuwanderer sich recht schnell organisierten, bevorzugten es die Aleviten ihren eigenen Raum zu schaffen, indem sie alles über das *„Subjektive-Ich'* weiterhin geheim hielten. Durch kulturell und religiös bedingten Anlässen fielen die Aleviten aus dem gewohnt bekannten Raster raus, da sie an den religiösen Riten und Praxen nicht teilnahmen. Viel mehr wollten sie die Gesellschaft durch ihr politisches Interesse formen und prägen, indem sie an sozialdemokratischen Organisationen oder *linksrevolutionäreren* Ausrichtungen antraten. Für die linksrevolutionäre ‚alevtische' Bewegung spielt die Exilorganisation „*Dev Yol*", bedeutet so viel wie der „*Revolutionärer Weg*" , bis heute eine bedeutende und zentrale Rolle, die die Religion und jegliches klassenunterschiedliches Bewusstsein und Gedankengut als „falsches Bewusstsein" eliminierten haben. Diverse Beziehungen zwischen Aktivisten und Aleviten gehen bis heute noch auf das Bewusstsein des revolutionären Wegs „*Dev Yol*" zurück. Durch den globalen Paradigmenwechsel der ‚linken' Politik von der Klassenpolitik bis hin zur Identitätspolitik, die sich in im Laufe der 1980er Jahre ereignete, entstand die sogenannte „Alevitische Bewegung" (Sökefeld, 2008,).

Das Ziel der wirtschaftlichen Gleichheit für alle Beteiligten, durch Anerkennung von eigenständigen Identitäten sowie das Konzept der sozialistischen Ideen, verloren im Laufe der Zeit ihre Überzeugungskraft. Der Begriff „*Identität*" wurde zunehmend zu einem globalen Schlagwort, welches den Menschen zunehmend zum politischen Handeln mobilisiert hat. Man spricht daher auch vom Wechsel des Paradigmas der Umverteilung zum Paradigma der Anerkennung. Die Kurdenbewegung in der Türkei war diesem Paradigmenwechsel einzuordnen, während parallel in Deutschland das Konzept des *Multikulturalismus* zunehmend eine Wichtigkeit annahm. Dieses setzte voraus, dass sich Einwandernde nicht gänzlich assimilieren, sondern auch ihre *'Identität'* und *'Kultur'* bewahren. Dieser Paradigmenwechsel hat keine besondere politische Einschränkung, denn gleichzeitig wurde in Deutschland auch über Ängste der Verfremdung artikuliert, und die ausschlagegebende Bedeutung der ‚deutschen' Kultur und Identität unterstrichen. Das Konzept der multikulturellen Perspektive dominierte ausschließlich in den industriellen Großstädten wie *Hamburg, Berlin* und *Frankfurt*. Seit Anfang der achtziger Jahren wurden für Hamburger Stadtteilen mit hohem Migrationsanteil ein Netzwerk mit ‚Deutsch-Ausländischen' Begegnungsstätten etabliert, um Barrieren abzubauen (Sökefeld, 2008, S.22). Die alevitischen Akteure waren sich schnell einig, es dürfe nicht mehr ausschließlich nach türkischer oder kurdischer Identität differenziert werden, gleichwohl müsse auch die ethisch religiöse Identität der Aleviten in Anbetracht gezogen werden. Die aktuelle Debatte um die Anerkennung der kulturellen und religiösen Identität von Zuwanderern in Deutschland sowie die Gleichberechtigung und die Akzeptanz der Vielfalt, bot den idealen Nährboden über den Ausbruch und der öffentlichen Bekennung der alevitischen Identität. Im Oktober 1989 wurde im Rahmen der Alevitischen Kulturwoche in der Universität Hamburg das *‚Takiye-Prinzip'* öffentlich und kollektiv gebrochen und gleichzeitig eine neue Ära eingeleitet.

Die Alevitische Kulturwoche in der Universität Hamburg ist nicht nur die erste öffentliche Veranstaltung und Offenbarung, sondern setzte den Anbeginn der alevitischen Bewegung in Deutschland frei. Die Verwirklichung der Alevitischen Kulturwoche löste gleichzeitig eine transnationale Expansion aus, die die alevitische Bevölkerung weitgehend ermutigte sich ihrer eigenen Identität zu widmen. Das ‚*Nicht-Bemerken*' der Aleviten in Deutschland über mehrere Jahre hindurch, lässt sich auf zwei große Ursachen rückschlussfolgern. Einerseits wurden die ersten Einwanderer in Deutschland sehr undifferenziert und ungenau aufgenommen, folglich waren keinerlei interreligiöse Unterschiede bekannt, andererseits waren Aleviten unter sich stets bemüht als nicht gesonderte Gruppe unter den einheimischen Einwanderern aufzufallen und setzten letztlich das ‚*Takiye-Prinzip*' weiterhin fort. „*Takiye*" gleicht einer defensiven Strategie, die das Ziel verfolgt nicht aufzufallen, um potentielle Anfeindungen, Drohungen wie Unterdrückung in der Umwelt zu entfliehen. Die große Furcht vor der Verfolgung und Unterdrückung reicht bis ins Osmanischen Reich zurück, da sie seit jeher jahrzehntelang als *Häretiker* und *Ungläubige* aus der Gesellschaft vertrieben wurden. Erst durch die Einwanderung nach Deutschland wurde das Prinzip der „*Takyie*" weitgehend aufgegeben. Parallel entstand sowohl in Deutschland als auch in der Türkei die Alevtische Bewegung, die sich gegen Diskriminierung und Andersartigkeit einsetzten, und die Anerkennung der Aleviten im Staat und der Gesellschaft freilich einforderten (Sökefeld, 2008, S.20-21). *Takiye* als das Prinzip des Verbergens der eigenen Zugehörigkeit, sorgte nicht nur in den familiären Strukturen für Unruhe, sondern bremste auch in gewissen Zügen die Persönlichkeitsentwicklung jener Heranwachsenden. In einigen Familienhaushalten wurde die religiöse und ethnische Zugehörigkeit den eigenen Kindern vorenthalten, und der Mehrheitsgesellschaft ausgesetzt, mit dessen Werten und Normen sie kaum vertraut waren. Sie wurden vielmehr in ein Gefüge eingesetzt um die Lücke, mit der vorgeschrieben Rolle, zu füllen. Fraglich ist, ob die Waage zwischen dem eigenen Wertesystem und der vorgeschrieben Normenvorstellung der Gesellschaft im Gleichgewicht sind.

Fazit

Es lässt sich festhalten, das Aleviten als jene ethnische und religiöse Gruppe, eine eigenständige sowie esoterische Kultur besitzen, die sie aber jahrzehntelang unter dem Deckmantel des ‚*Takiye-Prinzips*' versteckt hielten. In Folge der Bewegung wächst erstmals eine Generation voller junger alevitischer Aktivisten auf, die sich für *Säkularismus*, *Demokratie* und *Gleichberechtigung aller Menschen* einsetzen, und gleichermaßen sich ihrer eigenen Identität widmen können. Im Rahmen der alevitischen Bewegung findet eine kontroverse neu Orientierung des modifizierten Alevitentums statt, welche die Debatte um die Loslösung vom Islam miteinschließt. Im Diskurs über das Alevitentum wird auch gegenwertig von einer aufkommenden Parallelgesellschaft gesprochen. Meiner Meinung nach zieht der Begriff ‚*Parallelgesellschaft*' scharfe Grenzen um potenzielle Möglichkeiten, und unterbindet jegliche Form des Begegnens und Entdeckens des Anderen. Das Fremde findet sich in Abgrenzung zum Subjektiven und der Andersartigkeit. Zudem wird das Fremde durch zahlreiche, subjektive sowie soziokulturellen Erfahrungen von uns selbst bestimmt und geformt.

Wenn man Begegnungen und Grenzen als „*Kontaktfläche*" nutzt, kann sie zur entscheidenden Erfahrung werden. Die Frage, ob man je mit dem Fremden in Berührungen kommen kann, wenn die Grenzen der eigenen Identität im Verborgenen blieben, führt mich zu der Erkenntnis, dass jede noch so kleine Erfahrung unsere eigene Identität groß mitgestaltet kann, letztlich wir sie aber bestimmen. Schwieriger wird es, wenn das eigene Kulturgut verloren geht und man sich inständig auf die Suche nach ihr begeht. Wir dürfen nicht übersehen, dass wir ein kleiner Teil eines großen Ganzen sind, und somit in unserem Dasein zum Gelingen dessen, was die Gesamtgesellschaft wäre, beitragen.

Je mehr man seine Natur und Umwelt kennenlernt, desto besser wird man verstehen, dass die allgemeine Beschaffenheit unserer Existenz sowie das Fundament von all unserem Bestreben, einander weder fremd noch getrennt sind.

Literaturverzeichnen

Aksünger, H., 2013, Jenseits des Schweigegebots: *Alevitische Migrantenselbstorganisationen und zivilgesellschaftliche Integration in Deutschland und den Niederlanden.* In: H. Aksünger, Hrsg. Christiane Frantz, Loek Geeraedts, Lut Missine, Friso Wielenga und Anette Zimer. Münster, Waxmann Verlag,

Rottenburg, R., 2004, Ethnologie: *Von der Abschaffung des Fremden und der Bewahrung der Rätsels.*

Schäffter, O., 1991, (Hrsg.): Das Fremde: *Erfahrungsmöglichkeiten zwischen Faszination und Bedrohung*, Westdeutscher Verlag,

Sökefeld, M., 2008, (Hrsg.): Aleviten in Deutschland: *Identitätsprozesse einer Religionsgemeinschaft in der Diaspora*, Bielefeld, transcript Verlag,

BEI GRIN MACHT SICH IHR WISSEN BEZAHLT

- Wir veröffentlichen Ihre Hausarbeit, Bachelor- und Masterarbeit

- Ihr eigenes eBook und Buch - weltweit in allen wichtigen Shops

- Verdienen Sie an jedem Verkauf

Jetzt bei www.GRIN.com hochladen und kostenlos publizieren